AF493523

MÉTHODE

THÉORIQUE ET PRATIQUE

DE

PLAIN-CHANT

CONTENANT :

1° Une petite Méthode de

MUSIQUE VOCALE

2° L'exposé méthodique de la tonalité grégorienne au moyen de la notation musicale moderne, concurremment avec la notation ancienne ;

3° La manière de transposer les tons du Plain-Chant pour les instruments accompagnateurs ;

4° Le dessin et le doigté de quelques-uns de ces instruments ;

5° Un questionnaire ;

6° Onze morceaux en plain-chant harmoniés, avec la traduction musicale en regard, extraits de la LYRE PAROISSIALE,

DU MÊME AUTEUR :

J. Frédéric GIRAUD

PRIX : 1 FR. 25 C.

GRENOBLE
PRUDHOMME, GIROUD ET Cie, LIBRAIRES-ÉDITEURS
14, RUE LAFAYETTE
SEPTEMBRE 1864

AVERTISSEMENT.

Depuis longtemps on se plaint, et avec raison, que l'étude du plain-chant soit de plus en plus négligée, et que le nombre des bons chantres aille toujours en diminuant. On voit cependant tous les jours sortir de nos écoles un assez grand nombre de jeunes gens qui ont étudié les éléments de la musique, mais à qui les chants d'église sont complètement étrangers. Ce déplorable abandon d'une étude aussi indispensable à la pompe du culte catholique tient sans doute à plusieurs causes que nous n'avons pas à énumérer ici. Mais l'une d'elles, et qui n'est pas la moindre, c'est qu'il n'existe aucun ouvrage de plain-chant assez abrégé pour ne point rebuter ceux qui ont peu de temps à consacrer à cette étude, ni assez peu coûteux pour être à la portée de toutes les bourses. Nous avons la confiance que ce petit manuel répondra à ce besoin et qu'il sera suffisant à MM. les Chefs des chantres et à MM. les Instituteurs pour former de très bons élèves en plain-chant.

Les chanteuses des paroisses pourront également se servir avec avantage de ce petit ouvrage dans lequel elles trouveront tous les éléments de musique nécessaires pour apprendre leurs beaux chants avec plus de facilité et d'intelligence. Mais nous espérons que cet ouvrage paraîtra surtout très utile aux accompagnateurs des chants sacrés. Ils y trouveront la transposition du plain-chant amplement développée et des leçons suffisantes sur le droigté de l'ophicléide et des instruments à trois pistons. Beaucoup d'autres élèves musiciens nous sauront aussi gré de cette innovation.

Ce volume forme ainsi un tout complet qui pourra remplacer bien des ouvrages en général dispendieux.

Méthode
théorique et pratique
de
Plain-Chant

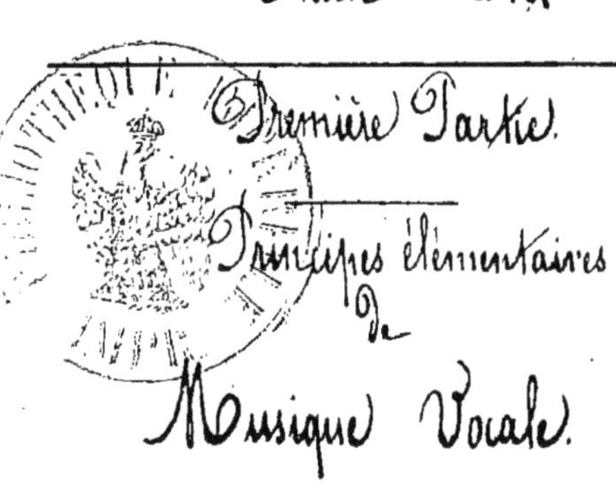

Première Partie

Principes élémentaires
de
Musique Vocale.

1. La Musique s'écrit sur un assemblage de cinq lignes horizontales et parallèles dont la réunion se nomme Portée. Ces lignes se comptent de bas en haut.

Portée

2. Il y a trois clefs: la clef de Sol, qui se place sur la seconde ligne. C'est la clef la plus usitée.

Clef de Sol.

Sol. Do re mi fa sol la si do re mi fa sol

La clef d'Ut, qui se place sur les quatre premières lignes:

La clef de fa 4me ligne:

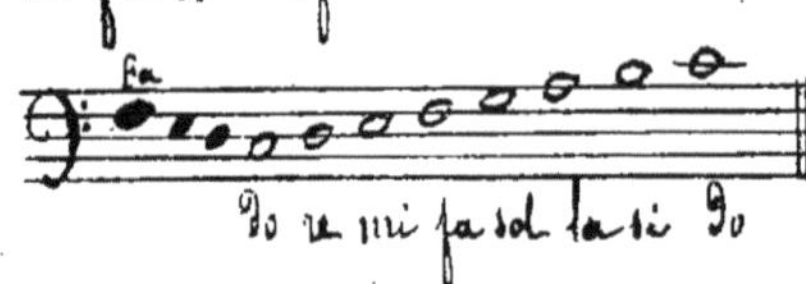

3. Il y a sept figures de notes pour servir à représenter la durée des sons: la ronde, la blanche, la noire, la croche la double-croche, la triple-croche et la quadruple-croche.

4. A chacune de ces figures de notes correspond un signe de silence.

ronde,	blanche,	noire,	croche,	double cr.	triple cr.	quad. cr.
pause,	demi-pause,	soupir	1/2 soupir	1/4 de soupir	1/8 de soupir	1/16 de s.

5. La ronde vaut 2 blanches; la blanche, 2 noires; la noire, 2 croches; la croche, 2 doubles-croches, et ainsi de suite. Par conséquent, la ronde vaut 2 blanches ou 4 noires ou 8 croches ou 16 doubles-croches ou 32 triples-croches ou 64 quadruples-croches. La blanche vaut 2 noires ou 4 croches ou 8 doubles-croches, etc.

Le même rapport de valeur existe entre les signes de silences et les notes correspondantes.

6. Les huit sons de la gamme se nomment: Ut ou Do, re, mi, fa, sol, la, si, do. Ce 8e son est la répétition du 1er à l'octave supérieure.

7. La gamme renferme 5 tons et 2 demi-tons.

Les deux demi-tons se trouvent, le premier du 3e au 4me, et le deuxième, du 7e au 8e degré.

Ainsi, en commençant la gamme par la note do, les deux demi-tons se trouvent, le premier de mi à fa et le deuxième de si à do.

Gamme naturelle.

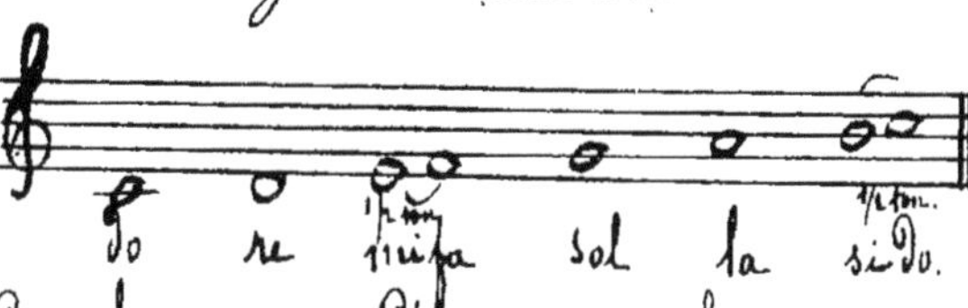

C'est la gamme d'ut majeur, la gamme type, modèle, du Mode Majeur.

8. On appelle gamme mineure celle dans laquelle le premier demi-ton se trouve du 2e au 3e degré ou note de l'échelle, telle est la gamme commençant par la.

9. On peut établir une gamme majeure ou mineure sur l'un des douze demi-tons de l'échelle au moyen du dièze et du bémol.

10. Le dièze est un signe (♯) qui élève d'un demi-ton la note devant laquelle il se trouve placé; ou mieux, fait

remplacer cette note par une autre plus élevée d'un demi-ton.

11. Le bémol est un signe (♭) qui baisse d'un demi-ton la note devant laquelle il se trouve placé.

12. Le bécarre (♮) remet dans son ton naturel la note altérée par le dièze ou par le bémol.

Formation des gammes.

13. Pour établir une gamme majeure sur un degré quelconque de l'échelle; en d'autres termes, pour commencer la gamme par une note autre que Do, il est nécessaire de rétablir, par le dièze ou par le bémol, les deux demi-tons du 3e au 4e et du 7e au 8e degré, position qu'ils ont dû perdre par le seul fait du remplacement de la note Do comme point de départ.

Soit donné de former, par exemple, la gamme de re. Pour cela, écrivons la série re, mi, fa, sol, la, si, do, re, et comparons-la à la série modèle d'ut ou do,

nous remarquons que les demi-tons de la série re ne coïncident pas avec ceux de la série type, mais nous remarquons aussi qu'en diézant la 3e et la 7e note de l'échelle de re, les deux demi-tons seront refoulés à leur place, c'est-à-dire du 3e au 4e et du 7e au 8e degré, ici entre fa et sol et entre do et re: ce qui nous donne la gamme de ré qui est, comme on le voit ci-dessous, semblable à celle d'ut, car elle offre la même disposition de tons et de demi-tons que cette dernière (Vérifiez)

Gamme de ré

Pour former la gamme de mi♭, par exemple, nous aurions encore à comparer cette série à la série type, et, pour replacer les deux demi-tons du 3 au 4 et du 7 au 8 degré, nous aurions à constater la survenance de 3 bémols. (Vérifiez)

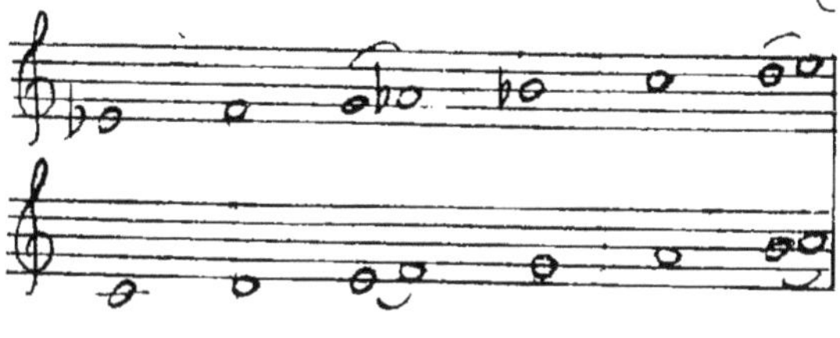

Génération naturelle des gammes.

14. Il faut savoir maintenant que deux gammes consécutives, comme par exemple celle de do et celle de ré, celle de sol et celle de la, ne sont pas celles qui diffèrent le moins entre elles. En effet, toute échelle, toute gamme a un lien de parenté très intime avec celle qui en est distante d'une quinte.

Ainsi, en comparant la série de Sol à la série modèle d'ut, nous ne constatons plus qu'une seule irrégularité (Vérifiez)

Nous trouvons que le dernier demi-ton seulement de la série supérieure occupe un degré qui n'est pas celui de la série inférieure, celui du 7 au 8 qu'affecte cette dernière. Mais si, par le moyen du dièze, nous refoulons le demi-ton à cette place nous aurons la gamme majeure de Sol.

15. De ce qui précède, nous pouvons conclure que la série de re comparée à la gamme de Sol, dont elle est éloignée également d'une quinte, donnerait lieu de reconnaître aussi un semblable déplacement du second demi-ton; mais la septième rendue encore majeure par le do dièze nous donnerait la gamme de re majeur, avec deux #, en tout semblable à celle de sol et par conséquent à celle d'ut.

C'est ainsi que nous voyons naître un nouveau # à chaque nouvelle quinte prise pour tonique, c'est-à-dire pour première note d'une gamme; ce dièze venant s'ajouter aux précédents forme un nombre qui indique conséquemment le nombre de quintes superposées au-dessus de la gamme d'ut, point de départ.

Tableau des gammes avec dièzes.

Gamme d'ut#

De fa#

De si

De mi

De la

De ré

De sol

D'ut

Point de départ

17. On appelle Armature la réunion, après la clef, des accidents qui ont concouru à la formation d'une gamme. Ainsi, au lieu d'écrire, par exemple, la gamme de mi comme ci-dessus, on écrira les quatre dièzes à la

clef, de la manière ci-dessous, c'est-à-dire de quinte en quinte en montant, à partir de fa. Voyez les petites flèches dans le tableau page 7.

18. Ainsi, tout morceau de musique porte en armature les dièzes ou bémols qui ont concouru à la formation de la gamme de laquelle il a emprunté sa tonalité.

19. Avec des dièzes à la clef, la tonique, se trouve sur la note supérieure qui suit immédiatement le dernier dièze de l'armature. Ainsi un dièze annonce le ton de sol, deux, celui de ré, etc.

Par conséquent étant dièzés les notes
fa, do, sol, ré, la, mi, si.
les toniques avec 1#, 2#, 3#, 4#, 5#, 6#, 7#
seront: sol, ré, la, mi, si, fa#, do#.

Ainsi, on a à l'instant même la tonique en comptant sur cette dernière ligne autant de syllabes qu'il y a de dièzes à l'armature.

Gammes avec bémols.

20. Nous venons de voir que les gammes par dièzes s'engendrent par quintes ascendantes ou, ce qui revient au même, par quartes descendantes, nous allons voir maintenant que les gammes avec bémols se forment par quintes descendantes ou quartes ascendantes, exactement l'inverse des premières.

En effet, en comparant la série de fa à la série modèle

nous remarquons que le premier demi-ton de la série supérieure, lequel se trouve du 4e au 5e degré, descendra du 5e au 4e par la bémolisation du si, ce qui donnera alors la gamme de fa:

La Série de Sib comparée à celle de fa donnerait lieu de constater comme ci-dessus un demi-ton indûment placé du 4e au 5e degré, mais la bémolisation du mi nous fournirait la nouvelle gamme de Sib.

21. C'est ainsi que nous voyons survenir un nouveau bémol

à chaque nouvelle quinte descendante prise pour tonique; ce bémol venant s'ajouter aux précédents donne un nouveau nombre formant ainsi l'armature propre à chaque ton. Telle est la génération naturelle des gammes avec bémols.

Gammes avec bémols.

22.

Gamme d'ut.

De fa

De sib

De mib

De lab

De reb ou de do#

De solb ou de fa#

D'utb ou de si

23. Avec une armature en bémols on trouve la tonique en cherchant la note sur laquelle est placé l'avant dernier bémol : c'est cette même note qui est tonique. La tonique fa, comme on le voit dans le tableau ci-contre, est la seule qui ne soit pas bémolisée.

Ainsi, les bémols se plaçant à la clef de quinte en quinte en descendant, c'est-à-dire sur les notes :

si mi la re sol do fa

Toniques dont : fa sib mib lab reb solb dob.
1b 2b 3b 4b 5b 6b 7b

24. Sachant par cœur la ligne ci-dessus, on a à l'instant la tonique en comptant autant de syllabes qu'il y a de bémols à l'armature.

25. On appelle dièzes, bémols accidentels ceux que l'on trouve écrits dans le cours du morceau et qui sont étrangers à l'armature de la gamme d'où est tirée la pièce de chant.

De la mesure.

26. Battre la mesure, c'est diviser la durée en parties égales que l'on appelle temps.

27. En musique, la division de la durée se fait, soit par un mouvement régulier de la main ou du pied, soit encore au moyen des instruments, tels que le métronome.

28. Il y a trois sortes de mesures:
la mesure à 2 temps,
la mesure à 4 temps,
et la mesure à 3 temps.

29 La mesure à deux temps se bat par un frappé et un levé.

de cette manière.

Exemple de valeurs
pour être battues à 2 temps.
Valeur d'une noire par temps.

Valeur d'une blanche par mesure.

30. Remarquez que chaque mesure est séparée de sa voisine par une barre de mesure.

31. La mesure à 4 temps se bat:
Au premier temps par un frappé . . . .
Au second temps par un mouvement à gauche
Au troisième temps par un mouvement à droite
et au quatrième temps par un levé . . . .

De cette manière:

Exemple de valeurs
dans la mesure à 4 temps.

32. La mesure à 3 temps se bat:

Au 1er temps par un frappé . . . . .

au 2e temps par un mouvement à droite . .

au 3e temps par un levé . . . . .

De cette manière:

Exemple de valeurs contenues dans la mesure à 3 temps.

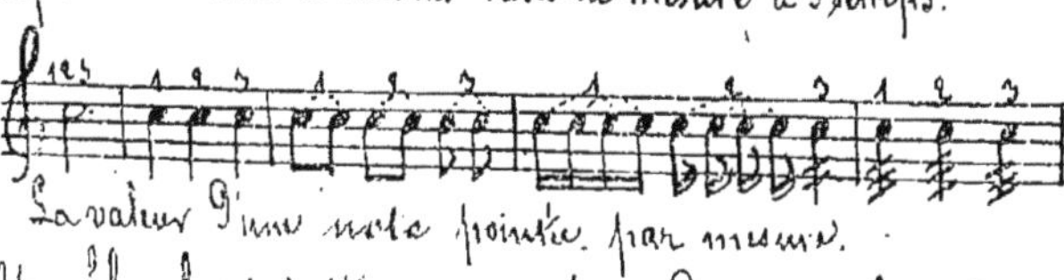

La valeur d'une note pointée par mesure.

Une blanche pointée vaut une fois et demie sa valeur ordinaire.

33. Remarque. Dans le cas où, comme dans les exemples ci-dessus, chaque temps ne se compose que de la valeur de deux croches la mesure est dite simple ou à division binaire; dans le cas de la valeur de trois croches par temps, la mesure est dite alors composée ou à division ternaire, telle est, par exemple, la mesure à $\frac{6}{8}$, six-huit, et qui se bat à 2 temps.

34. La mesure simple à deux temps se marque par $\frac{2}{4}$, 2, ₵

——— composée ——— $\frac{6}{8}$

——— simple à quatre temps se marque par 4, C.

——— composée ——— $\frac{12}{8}$.

——— simple à trois temps se marque par 3, $\frac{3}{4}$, $\frac{3}{8}$.

——— composée ——— $\frac{6}{8}$.

35. Le dénominateur (nombre inférieur) indique en combien de parties l'unité, qui est la ronde, a été divisée, et le numérateur (nombre supérieur) combien on prend de ces parties pour former la mesure. Ainsi la fraction $\frac{2}{4}$, deux quatre, indique que la ronde a été divisée en 4 parties, c'est-à-dire en noires, et que pour former la mesure on en a pris 2, ce qui donne une noire par temps.

36. Entre deux barres de mesure on doit toujours trouver, soit en notes, soit en silences, la valeur entière de la mesure indiquée en tête du morceau, à moins cependant que ce ne soit au début de la pièce de chant où très-souvent si ce chant ne commence qu'aux derniers temps de la mesure, on se dispense d'écrire les silences qui ouvrent cette mesure.

37 Tous les temps d'une mesure sont égaux en durée, mais tous ne le sont pas en force ou intensité. Ainsi les temps impairs 1er et 3e doivent être marqués fortement; les temps pairs 2e et 4, plus faiblement.

Remarque. Les temps forts de la mesure se font généralement bien sentir dans une musique militaire où les instruments de basse, surtout ceux qui accompagnent, les frappent presque constamment, voire même la grosse caisse.

De quelques autres signes fréquemment employés.

38. Le renvoi 𝄋 indique qu'il faut remonter jusqu'à un signe semblable et continuer ensuite jusqu'au mot *fin*, qu'on remplace souvent par un point d'orgue surmontant une double barre de mesure.

39. La reprise indique la répétition d'un certain nombre de mesures qu'on renferme alors entre deux doubles-barres, la première suivie et la seconde précédée de deux points.

40. Une note surmontée d'un point d'orgue 𝄐 n'est plus soumise à la mesure, sa valeur est alors au gré de l'exécutant; il en est de même d'un silence affecté du même signe: c'est un repos.

Termes italiens indiquant le mouvement.

41. Largo, large, sévère.
Adagio, lentement, posément.
Sostenuto, soutenant les sons.
Maestoso, majestueux.
Cantabile, avec goût et grâce.

Andante,	mouvement gracieux.
Allegretto ou All^tto,	modéré et gracieux.
Allegro ou All^o,	vif, gai.
Presto,	plus vif qu'Allegro.
Prestissimo,	mouvement très-précipité.

Termes indiquant les nuances.

42. Piano, p.	doux, faible.
Pianissimo, pp.	très-doux, très-faible.
Dolce, dol.	doux.
Mezzo-forte, mf.	demi-fort.
Forte, f.	fort.
Fortissimo, ff	très-fort.
Rinforzando, rinf.	en renforçant.
Crescendo, cresc.	en croissant.
Decrescendo, decresc.	en décroissant.
Ad libitum, ad lib.	à volonté.
Espressivo, Espr.	avec expression.
Con anima,	avec âme.
Con grazia,	avec grâce.
Con fuoco,	avec feu.
Poco à poco	peu à peu.
A piacere,	à plaisir.
A tempo,	revenir au premier mouvement.

De quelques ornements du Chant.

Appogiature, gruppetto, Trille, ligato, Staccato.

43. On appelle *appogiature* une petite note sur laquelle on appuie légèrement avant de passer à la note principale ; sa valeur qui est la moitié de la note suivante se prend sur cette dernière.

Exemple. 

Quelquefois les petites notes s'exécutent assez vite pour ne point altérer sensiblement la valeur des notes principales comme dans la seconde mesure de l'exemple ci-dessus.

44 On appelle *gruppetto*, groupe, un assemblage de trois ou quatre petites notes dont la valeur se prend ordinairement en avant de la note qui en est affectée ; on l'indique aussi quelquefois par ce signe ∼.

45. Le *trille* est le battement alternatif et accéléré de deux notes voisines ; sa durée est égale à la valeur de la note sur laquelle il a lieu ; il affecte particulièrement les notes finales du chant dont il est un des plus beaux ornements.

Le trille s'indique simplement par tr.

46. On appelle *notes liées* celles que l'on exécute sans solution de continuité dans le passage d'une note à l'autre. C'est le légato. Dans la musique avec paroles toutes les notes appartenant à une même syllabe sont liées et forment un groupe embrassé par un arc ⁀ qui est le signe ordinaire de liaison.

Ex.

O Dieu par-donnez à tes en-fants.

47. On appelle *notes saccadées, détachées, piquées* celles que l'on attaque sèchement et auxquelles on ne donne qu'une partie de leurs valeurs. C'est le staccato. Ce genre d'exécution, qui est tout le contraire du légato, est souvent indiqué par un point rond ou allongé surmontant la note qui doit être ainsi exécutée.

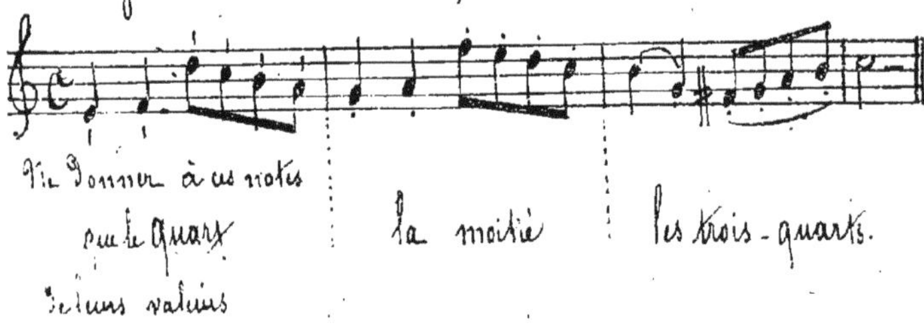

Classification des voix.

De leur étendue ou diapason.

48. Depuis la voix la plus grave jusqu'à la plus aiguë, on trouve que l'étendue de la voix humaine est d'environ trois octaves et demie: ce qui donne une portée générale de onze lignes.

49. Les diverses espèces de voix sont à peu près échelonnées par tierces.

50 Les voix de femmes et d'enfants sont de trois sortes: le premier dessus ou premier Soprano, la plus aiguë de toutes les voix.

Étendue de la voix de premier Dessus.

faibles

sonores

51. Remarque. Les belles notes de cette espèce de voix sont de do à sol; celles du bas sont faibles. Les enfants ont une grande tendance à abandonner leur voix dans celles du médium: la fréquence de ces notes les amène à crier et leur fait perdre les notes aiguës.
Exemple: les enfants de chœur.

Observation. La colonne d'air sortant des poumons doit être de plus en plus condensée à mesure que l'on monte vers l'aigu. C'est tout l'inverse en descendant.

Le Deuxième Dessus ou 2e Soprano moins aigu que le premier.

Etendue de la voix de Deuxième Dessus.

Le Contralto la voix grave de femmes et d'enfants.

Etendue de la voix de Contralto.

Cette voix assez rare est d'un timbre plein de douceur et de suavité.

52. Les voix d'hommes sont de quatre sortes:

Le premier ténor, autrefois haute-contre ou alto, la plus aiguë des voix d'hommes.

Etendue de la voix des ténor aigu.

Le Deuxième ténor ou taille. C'est la voix d'homme la plus commune et celle qui dans nos opéras joue le plus brillant rôle.

Etendue de la voix de taille ou ténor proprement dit.

Le Barytôn ou 2e basse, plus aiguë que la basse-taille

Etendue de la voix de Baryton.

La Basse-taille ou simplement Basse, la voix humaine la plus grave.

Etendue de la voix de Basse-taille.

Remarques.

53. Cette classification et cet échelonnement par tierces ne sont pas absolus : on trouve des voix paresseuses qui n'ont pas toute l'étendue indiquée, d'autres que l'étude a perfectionnées. Mais dans l'immense majorité des cas les choses se passent comme nous venons de l'indiquer.

54. Toutes ces voix ne se servent presque plus aujourd'hui que de la clef de sol pour les Soprani, contralti et ténors ; et de la clef de fa pour les barytons et les basses.

55. Les ténors dont l'échelle est à peu près celle des Soprani, mais à l'octave inférieure de ces derniers, sont donc notés une octave plus haut qu'ils ne chantent réellement. La clef d'Ut serait leur clef propre.

Quelques exercices de Solfège.

Lecture et intonation sur la clef de Sol.

1

do re mi fa

2.

3.

sol la

4.

sol la si do

ré mi fa mi fa sol

Mesure à 2 temps.
5.
Blanches et noires.
6.
7.
Noires et croches.
8.

Mesure à 4 temps.
9.
10.
Transposition.
11.
Même passage transposé en ré.
12.
En mi.
13.
En fa.
14.
En si b.
15.
En mi b.
16.

Un point après une note augmente cette note de la moitié de sa valeur.

Clef de fa.
20.
fa
fa sol la si do re mi fa sol la si do re mi fa
Lecture et intonation.
21
sol
Mesure à 4 temps.
22.
Triolets.
Trois notes pour deux à faire dans le même temps.
23.

Canons à trois parties.

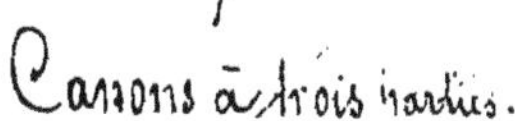

24.

A
B
C
Crai-gnez un Dieu ven-geur et tous ce qui le
bles-se, c'est là le pre-mier pas qui mène à la sa-
-ges-se qui mène à la sa-ges-se qui mène à la sa-gesse.

(Paroles de Fénelon)

25.

A
B
C
Du pauvre qui vous doit n'augmentez point les
maux Pay-ez à l'ou-vrier le prix de ses tra-vaux Pay-
-ez à l'ou vrier le prix de ses tra-vaux.

(idem)

26.

A
B
C
Bon pè-re bon é-poux bon maître sans faiblesse, ho-
-no-rez vos pa-rents sur-tout dans la vieil-les-se, ho-
-no-rez vos pa-rents sur tout dans leur vieil-les-se.

(idem)

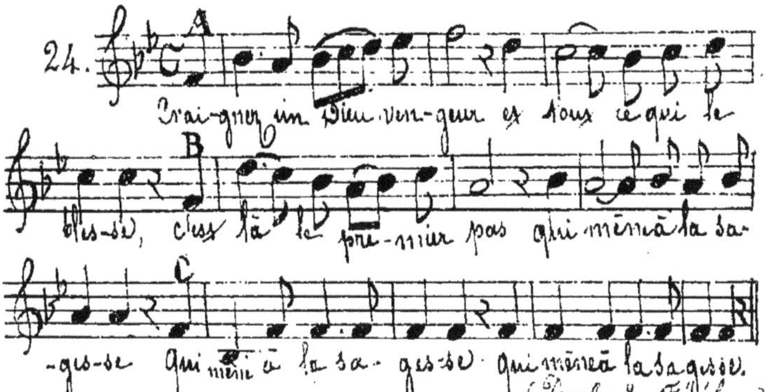

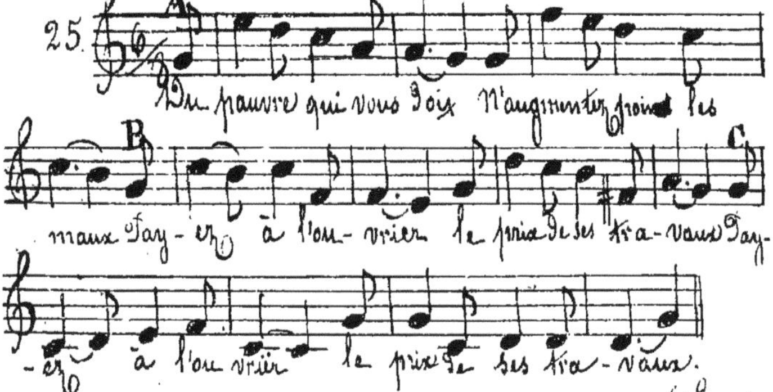

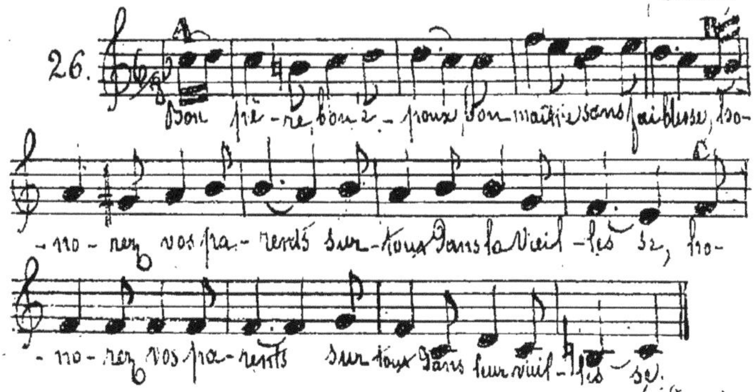

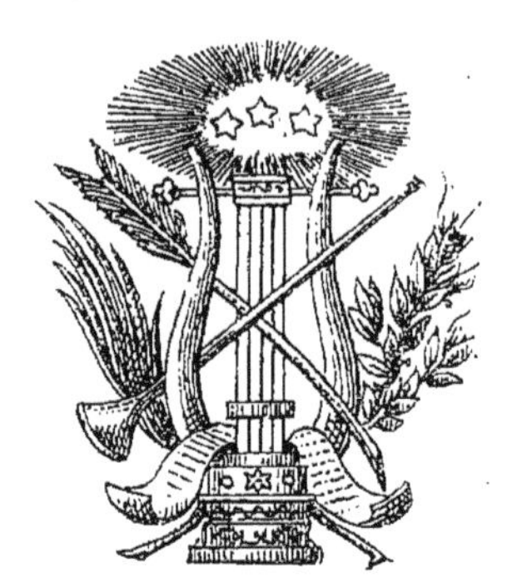

Seconde Partie.

Méthode

théorique et pratique

de

Plain-Chant.

I

Du Plain-chant, de son origine, des diverses liturgies, tableau des huit tons du Plain-chant.

1. Le Plain-Chant est un genre de musique en usage dans l'Eglise Catholique. C'est un reste bien défiguré, mais précieux encore de l'ancienne musique grecque: c'est du plain-chant que nous vient la musique moderne.

2. Les chants chrétiens de la primitive Eglise étaient une espèce de psalmodie dépourvue de tout rhythme et dont l'étendue était généralement renfermée dans celle de la quarte ou tout au plus de la quinte, tel est, par exemple, le chant de la préface, celui du pater, mélodies qui paraissent remonter à l'origine même du Christianisme. St Athanase aurait été le premier Evêque qui en aurait introduit l'usage dans l'Eglise d'Alexandrie.

3. Au IV siècle, St Ambroise (1), évêque de Milan, enrichit les chants sacrés des quatre modes grecs que nous appelons authentiques. Mais le commencement du VII siècle vit constituer définitivement par St Grégoire (2) le plain-chant ou chant grégorien par l'addition que fit ce pape de quatre autres tons grecs dits plagaux aux quatre tons authentiques de St Ambroise.

4. C'est à Charlemagne qu'est due, en France la substitution de la liturgie romaine ou grégorienne à l'ancienne liturgie gallicane. On connait tous les efforts de ce grand prince pour propager le chant dans toutes les écoles de son vaste empire.

Le roi Robert composa plus tard le chant de plusieurs antiennes d'après la nouvelle liturgie.

---

(1) St Ambroise, fils d'un Préfet des Gaules, naquit l'an 340, fut nommé à l'évêché de Milan en 374 au milieu des acclamations de la multitude; fut aussi célèbre par ses talents que par ses vertus; mourut en 397.

(2) St Grégoire le Grand, né à Rome vers l'an 540, fut élu pape en 590, mourut en 604.

Il était préteur de Rome, puis il avait embrassé la vie monastique, mais son illustre naissance, sa grande piété, ses grands talents l'élevèrent sur le trône pontifical; il conclut un traité honorable avec les farouches Lombards qui occupaient alors

5. On entend par liturgie cette partie du culte comprenant les cérémonies, les prières et le chant, et à laquelle l'Autorité spirituelle peut seule apporter des modifications.

6. Les quatre liturgies reconnues par l'église latine sont:
1° la liturgie Romaine qui nous vient de St Pierre, mais qui a définitivement été constituée par St Grégoire le Grand, ce qui l'a fait appeler aussi grégorienne.

2° la liturgie Ambrosienne que l'on appelle encore Milanaise, du siège épiscopal de cet évêque qui en est l'auteur.

3° la liturgie Gallicane qui fut en usage en France jusqu'au temps de Charlemagne. Elle parait venir de la Grèce.

4° la liturgie Mozarabe constituée par Isidore de Séville en Espagne où elle fut en usage jusqu'au XI siècle. Elle est tirée de la liturgie grecque.

---

l'Italie, et fit observer par tout le clergé la plus sévère discipline en même temps qu'il travailla avec beaucoup de zèle à l'abolition de l'esclavage.

La Grande Bretagne et les Goths ariens lui doivent leur conversion.

Observation

Nous donnons ici, en *notation moderne* le tableau des huit tons ou modes du plain-chant, nous serons mieux compris, car nous parlons la langue du jour avec laquelle nous exposons les principes d'une autre langue plus ancienne et moins connue. Et d'ailleurs, la portée à quatre lignes, la note carrée, etc, tout cela n'est autre que le matériel du plain-chant et non le plain-chant lui-même — n'était-ce pas le plain-chant que St Grégoire écrivait avec les lettres de l'alphabet?

Nous répondons par là et d'avance aux objections contre notre notation du plain-chant en musique moderne.

Tableau Synoptique des huit tons du plain-chant ou Chant Grégorien.

Remarques.

8. Le tableau précédent nous donne lieu de remarquer

1° Que dans le plain-chant, comme dans la musique, la gamme se compose de huit notes, renfermant aussi cinq tons et deux demi-tons, l'un de mi à fa, et l'autre théoriquement placé de si à ut; nous verrons plus loin dans quel cas il quitte cette position pour se placer entre le la et le si b.

2° Que chacune de ces gammes est formée d'une quinte et d'une quarte justes.

3° Que dans les tons impairs 1, 3, 5, 7 la quinte occupe la partie inférieure de l'octave: ce sont les tons que l'on appelle Authentiques; dans les tons(1) 2, 4, 6, 8 la quinte occupe la partie supérieure: ce sont les tons que l'on appelle Plagaux.

4° Que dans les huit modes du plain-chant la note grave de la quinte est toujours la note finale, c'est-à-dire la note qui termine la pièce de chant composée dans ce mode; et que cette finale est la même par conséquent pour le 1er et le 2e mode, pour le 3e et le 4e, etc.

5° Que les tons authentiques montent d'une quarte au-dessus des tons plagaux et réciproquement que ces derniers descendent d'une quarte au-dessous des premiers.

6° Que la dominante, c'est-à-dire la note qui domine généralement dans le mode, et indiquée dans le tableau par une blanche, se trouve, dans les tons impairs, à la quinte au-dessus

(1) pairs

de la finale ; et dans les tons pairs, sur la tierce au-dessus de celle du ton authentique précédent. Cependant la note variable SI ne reçoit pas la dominante, elle la rejette sur l'ut dans le 3e et le 8e mode.

7° Que le 8e mode diffère du 1er par la place qu'occupe sa quinte, et par conséquent par sa finale qui est sol, et par sa dominante qui est ut, bien que leur échelle soit la même.

8° Que la place des demi-tons dans les gammes du plain-chant établit ainsi que les finales une tonalité essentiellement différente de celle de notre musique moderne ; mais qu'il est certainement permis d'établir une analogie entre certains passages de l'un et divers passages de l'autre.

2.

Système de Guy d'Arezzo.

9. Les Grecs se servaient des lettres de leur alphabet α, β, γ, etc. diversement combinées pour écrire leur musique. Aux lettres de l'alphabet grec les Romains substituèrent celles de leur A, B, C, D, E, F, G. Ce mode de notation, adopté par St Ambroise et plus tard par St Grégoire fut en usage jusque vers l'an 1023, époque où le savant moine Bénédictin Guy d'Arezzo fit faire à

l'art un pas immense en remplaçant les lettres de l'alphabet latin par des lignes horizontales sur lesquelles et entre lesquelles il plaça des points noirs ayant tous en durée une valeur égale.

10. Ce fut ensuite la première strophe de l'hymne de St Jean Baptiste qui lui fournit le nom de ces points, en les désignant du nom de la première syllabe de chaque vers ut, re, mi, fa sol, la, syllabes qui remplacèrent les lettres C, D, E, F, G, A (ut, re, mi, fa, sol, la) de cette gamme qu'il nous avait déjà donnée. (1)

---

(1) Guy d'Arezzo antérieurement à son système de notation s'était servi du Gamma Γ des Grecs pour désigner la corde, la note qu'il ajouta au tétracorde grave et par laquelle on commença alors l'échelle, ce qui nous donna

Γ, A, B, C, D, E, F, G.
sol, la, si, ut, re, mi, fa, sol.

Le Gamma situé au bas de l'échelle donna son nom à la série, la Gamme : d'où l'origine de ce mot.

On peut remarquer dans cette hymne que UT se trouve au-dessous de la première ligne; RE, sur la première ligne, etc.

11. Quant à la note SI, représentée par B, elle ne fut introduite que très-tard par le hollandais Ericius Puteanus qui la forma des initiales Sancte Joannes; on la remplaçait par certaines combinaisons appelées muances et qui consistaient à répéter certaines notes, comme par exemple,

muance: RE, MI, FA, dans le cas de si ♮.
UT, RE, MI, FA, SOL, la
muance: MI, FA, SOL, dans le cas de si b.

Comme on le voit, cette note SI fut de deux sortes. Dans le cas où elle se trouvait éloignée d'un ton entier du LA, la dureté de son intonation la fit appeler de son ancienne lettre b à laquelle on donna alors la forme *quarrée* ♮, et nous eûmes le bécarre.

Mais quand le SI ne se trouvait qu'à un demi-ton du LA, comme il est alors plus doux, plus mou, on ajoutait à la lettre b qui le désignait déjà le mot mol, d'où SI b, c'est-à-dire SI · SI mol, simple pléonasme dans ce cas, mais absurdité complète dans le cas d'une autre note bémolisée.

12. Dès l'adoption de cette septième note la gamme d'ut devint la gamme principale. Ce fut là l'origine de notre tonalité moderne dont les progrès nous rendent de plus en plus étranges

à l'oreille les anciennes formules mélodiques du plain-chant.
Dès ce moment aussi, la musique et le plain-chant furent deux.

3.

De la portée, des notes, de la barre, des clefs.

De la portée.

13. Le plain-chant s'écrit comme la musique sur une portée, mais de quatre lignes seulement, toute pièce de cet antique chant étant renfermée dans l'étendue d'une octave ou tout au plus d'une neuvième. Au reste, la ligne additionnelle ou complémentaire est aussi en usage.

Portée.

ligne complémentaire

Des notes.

14. Les figures de notes employées dans les diverses notations en plain-chant sont: la double-queutée
la double-carrée
la carrée queutée
la carrée simple

la brève ◆

la demi-brève ◆

Valeurs des notes de plain-chant comparées à celles de la musique.

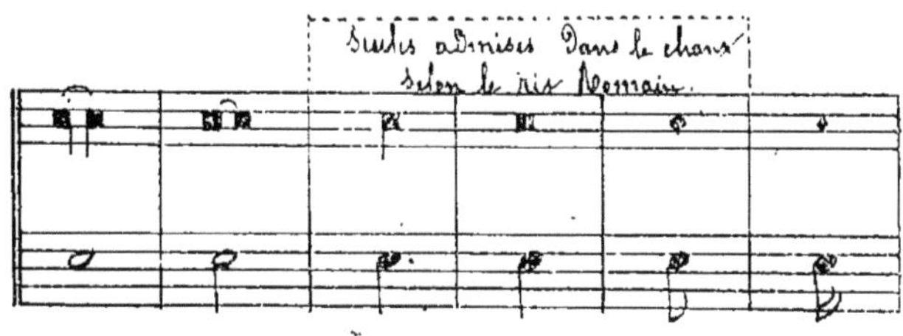

Remarque.

15. Dans le rit Romain la carrée queutée, la carrée simple et la brève sont seules admises dans la notation du chant grégorien; les autres notes n'appartiennent qu'au plain-chant musical moderne et servent à la traduction de la notation musicale en celle du plain-chant

De la barre.

16. Le plain-chant n'a pas comme la musique des signes négatifs ou silences, mais seulement un signe d'arrêt et de repos : c'est la barre.

17. Il y a trois sortes de barres : la petite barre qui sépare les notes d'un mot de celles du mot suivant; elle ne traverse que la 2e et la 3e ligne de la portée.

Dixit Do-mino do mi no me o,

18. La grande barre qui traverse les quatre lignes de la portée: elle s'emploie lorsque la phrase de chant exige un repos, comme à la fin de chaque vers des hymnes et des proses.

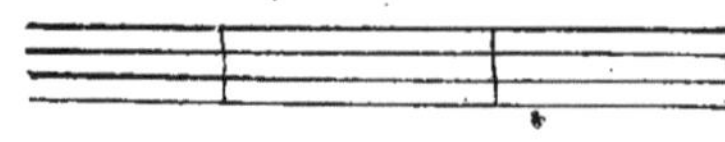

19. La double barre qui indique un changement de chant et qui termine toute pièce de chant

Des clefs.

20. Il y a dans le plain-chant deux figures de clefs: celle de la clef d'ut et celle de la clef de fa.

21. La clef d'ut peut se placer sur toutes les lignes, mais c'est ordinairement sur la 3e et la 4e ligne qu'on la trouve

22. La clef de fa se place sur la seconde et sur la troisième ligne.

Placée sur la seconde ligne, cette clef rappelle en tout celle d'ut 4e ligne, aussi est elle remplacée par celle-ci.

Positions les plus ordinaires.

23.

la ut mi sol ut, ut mi sol ut, mi sol ut mi.

4.

De la constitution et du caractère de chacun des huit modes ou tons du plain-chant.

24. Le premier ton (re, la, re) est authentique; sa dominante est la et sa finale re.

1er ton ou mode

re mi fa sol la si do re

Ce ton est grave, solennel et convient parfaitement à l'expression des grandes choses.

25. Le second ton (la, re, la) est plagal; sa dominante est fa et sa finale re.

2e ton

la si ut re mi fa sol la

C'est le plus grave des tons d'église et convient à la douleur, aux sujets lugubres; il en fournit un exemple dans la prose des morts: Dies iræ.

26. Le troisième ton (mi, si, mi) est authentique; sa dominante est ut et sa finale mi.

3e ton.

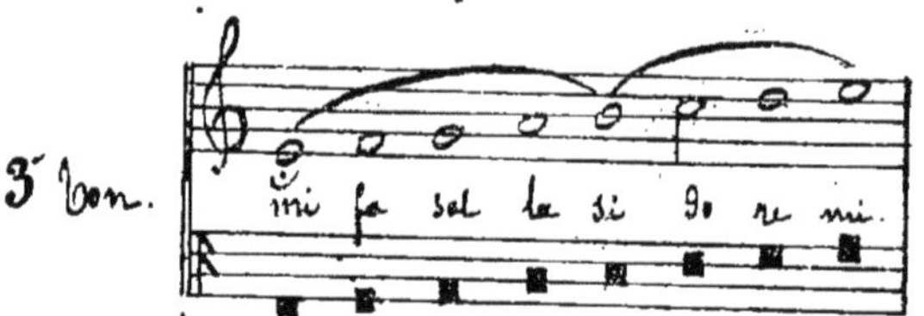

C'est le ton qui s'éloigne le plus de notre tonalité moderne; il est plaintif, mystique et convient à l'expression des désirs ardents.

27. Le quatrième ton (si, mi, si) est plagal; sa dominante est la et sa finale mi.

4e ton.

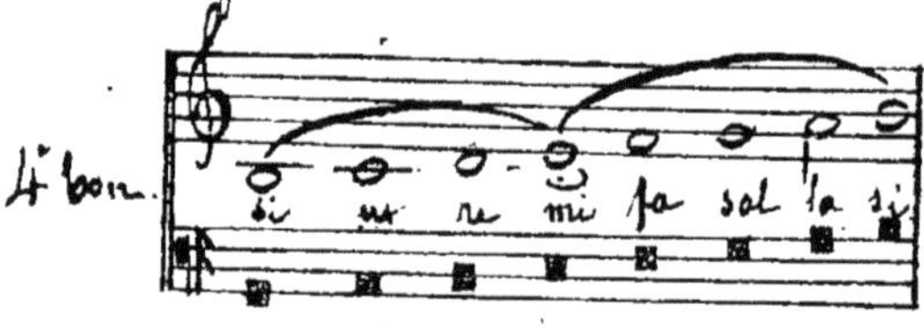

C'est le ton de la componction et de la douce mélancolie.

28. Le cinquième ton (fa, ut, fa) est authentique; sa dominante est ut et sa finale fa.

5e ton

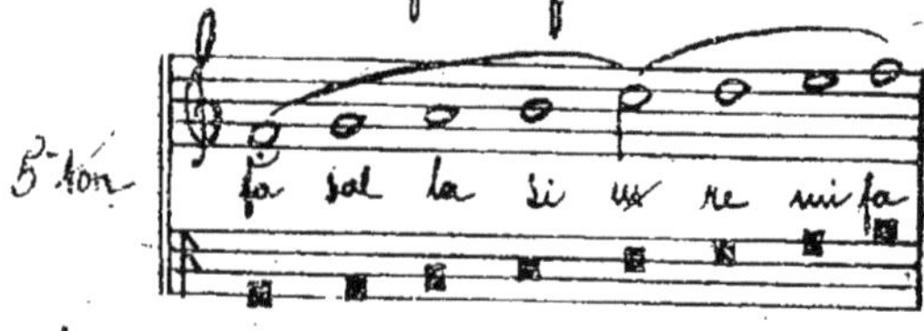

Lorsque pour éviter la dureté du triton (fa – si♮) le si

est bémolisé sa gamme est celle de fa majeur.

Ce ton exprime merveilleusement les grandes joies, les accents de l'allégresse et du triomphe.

29. Le Sixième ton (ut, fa, ut) est plagal ; sa dominante est la et sa finale fa.

6e ton.

Ce repos sur le fa, qui amène fréquemment la bémolisation du si, rejette ce ton assez loin de celui de la gamme d'ut majeur avec lequel il semblerait devoir se confondre.

Le caractère de douceur et d'onction dont il est empreint le rend éminemment propre à l'expression du sentiment religieux et des suaves accents de la prière.

30. Le Septième ton (sol, re, sol) est authentique ; sa dominante est re et sa finale sol.

7 ton.

Ce ton joint à son caractère angélique celui de la fermeté et de l'éclat.

31. Le huitième ton (re, sol, re) est plagal ; sa dominante est ut et sa finale sol.

8e ton

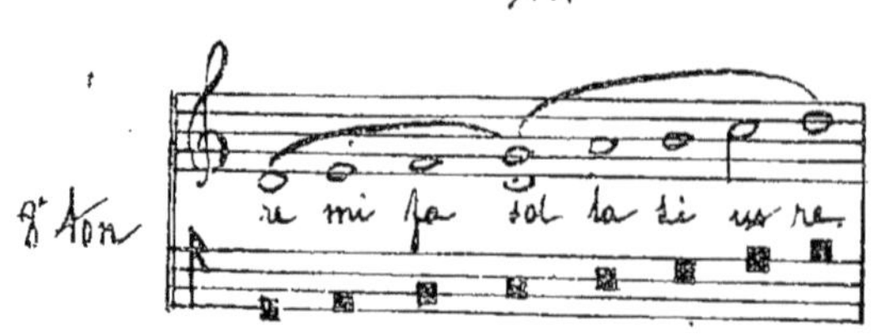

Ce ton convient à tous les genres d'expression, aussi l'a t-on appelé parfait. C'est celui qui revient le plus souvent dans la liturgie.

Nous avons vu page 35 en quoi il différait du premier ton.

5.

De la Psalmodie,
de l'usage des lettres.

32. La psalmodie est le chant particulier des psaumes de David et des autres cantiques tirés de l'Ecriture Sainte. La psalmodie tient le milieu entre le chant proprement dit et la parole.

33. On appelle versets les petites sections qu'on a faites des psaumes et des cantiques; ces divisions, qui permettent l'alternation entre plusieurs chœurs, sont ordinairement marquées par un nombre.

34. Le chant du premier verset est composé de

quatre parties, qui sont :

1° l'intonation,

2° la dominante ou teneur ;

3° la médiation ;

et 4 la terminaison.

Di xit	Do mi nus Do mi no	meo ;	Se de a	dextris meis.
Intonation	Dominante	médiat.	Dominante	Terminaison.

3° Le mot intonation désigne aussi très-souvent l'ensemble des quatre parties du premier verset. C'est dans ce sens que l'on dit *entonner un psaume*.

36. Tous les autres versets se reprennent par la dominante, excepté dans les cantiques où l'on reprend par l'intonation, à moins toutefois que l'on ne chante en faux-bourdons.

37. La terminaison est dite complète lorsqu'elle a lieu sur la finale du ton auquel la mélodie appartient : c'est l'intonation solennelle ; elle est alors marquée par une grande lettre.

38. Si la finale est autre, la terminaison est dite incomplète ; elle est alors désignée par une petite lettre à laquelle on fait encore subir diverses modifications pour indiquer diverses terminaisons sur la même note.

De l'usage des lettres.

39. Le plain-chant a encore conservé l'usage des lettres

A, B, C, D, E, F, G pour désigner non-seulement la note sur laquelle est établie l'échelle du morceau, mais plus souvent encore la note finale de la pièce de chant.

40. Les chiffres 1, 2, 3, 4, 5, 6, 7, 8 dont les lettres sont toujours précédées indiquent celui des tons auquel appartient la pièce.

Ainsi I en D ou simplement ID indique un morceau du premier ton avec la finale RE. 8 G, le 8e ton avec la finale sol.

41. Formule usitée autrefois dans les écoles pour retenir facilement la finale et la dominante de chaque ton.

1. Pri	re	la.		5. Quint	fa	ut.
2. Sec	re	fa.		6. Sex	fa	la.
3. Ter	mi	ut.		7. Sept	sol	re.
4. Quart	mi	la.		8. Octo	sol	ut.

6.

Du triton.

Du bémol, du dièze, de la transposition.

---

42. Le triton est la succession ou l'intervalle en montant ou en descendant de trois tons entiers consécutifs, comme

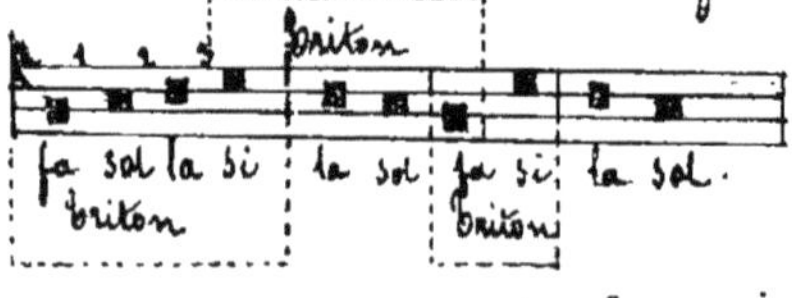

la dureté de son intonation l'a fait proscrire du plain-chant dès le principe, bien que son effet ne soit pas toujours aussi mar-qué que dans le passage ci-dessus.

43. Le triton disparait par l'emploi du bémol, de la transposition et aussi dans certains passages par l'emploi du dièze.

Du bémol.

44. Le bémol (♭) a, comme dans la musique, pour effet de baisser d'un demi-ton la note devant laquelle il se trouve placé.

Triton évité par l'emploi du bémol.

De la transposition.

45. La transposition permet d'éviter le triton en écrivant la pièce de chant dans une échelle où les demi-tons se trouvent naturellement à la place assignée par la mélodie.

Passage ci-dessus transposé.

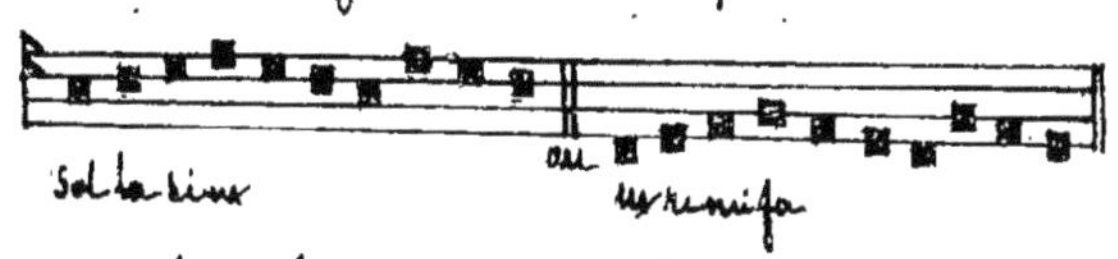

46. On emploie la transposition dans le cas où le triton ne disparaitrait qu'en bémolisant le mi ou en dièzant le fa, deux

altérations contraires aux habitudes de notation du plain-chant. Mais comme le mi bémolisé suppose que le si l'est déjà, on conçoit qu'en notant le morceau une quarte plus bas, le si devient fa et le mi♭ devient si♭, seule note bémolisée qu'admette le chant grégorien.

Exemple.

Transposé une quarte plus bas.

fa sol fa si — ut re ut fa

47. L'emploi du bémol permet de transposer les huit tons du plain-chant à la quarte supérieure. Pour parler comme en musique, nous dirons que c'est un morceau en ut que l'on transpose en fa.

Observations.

48. Cette transposition à la quarte, qui n'a que pour but de simplifier la notation (car cette transposition n'a lieu que lorsqu'elle est une simplification) et non de mettre le morceau à la portée des voix, est la seule qu'admette le système actuel de notation du plain-chant; mais les voix transposent constamment pour mettre le morceau dans le diapason qui leur convient, ce dont s'aperçoit l'instrumentiste accompagnateur qui voit surgir une armature plus ou moins chargée.

49. Le plain-chant rappelle par sa notation la musique en chiffres où tous les morceaux sont écrits dans le ton d'ut, que l'on transpose ensuite en re, en mi, en fa, etc., en prenant la

note ut à la hauteur de re, de mi, de fa, etc.

50. Il faut remarquer aussi que lorsqu'au moyen de la dominante et de la finale on veut rechercher le mode auquel appartient une pièce de plain-chant, il est nécessaire de s'assurer si le morceau n'a pas été transposé, car comme on le conçoit, ces deux notes ne seraient plus la, re dans le 1er ton, fa, re dans le 2e, etc.

Il est essentiel aussi de ne pas oublier que le chant des psaumes admet plusieurs finales.

Du Dièze.

51. Le Dièze est un signe (✗ ou ♯) qui a pour effet de hausser d'un demi-ton la note devant laquelle il se trouve placé.

52. Le Dièze est complètement étranger à la constitution primitive du plain-chant, dans lequel il n'a été ensuite admis que pour adoucir certains passages rudes de l'ancienne tonalité et généralement pour hausser la note qui descend et remonte ensuite pour faire repos. Même dans ces passages le Dièze n'est presque jamais marqué ; mais, écrit ou non, il doit s'exécuter et s'exécute en effet, tout au moins aux trois-quarts.

Exemples.

Ky.... rie, e .... lei son.

7

Opinion des Maîtres sur l'emploi du dièze dans le plain-chant.

53. Ce serait ici le lieu de répondre à ceux qui ne veulent à tout prix, entendre parler du dièze dans le plain-chant, et qui soutiennent que par l'introduction, même purement accidentelle, de ce signe on donne lieu à la note sensible que le plain-chant repousse.

Le plan de notre petit ouvrage ne nous permet pas d'entrer dans une discussion suivie à ce sujet ; mais aujourd'hui qu'une recherche très-active de la véritable tonalité grégorienne a donné lieu à une violente polémique entre tous les grands maîtres qui se sont occupés du plain-chant, nous ne pouvons résister au plaisir de citer l'opinion des principaux d'entre eux. Je commencerai par rapporter ici un long passage très-remarquable, du savant organiste de St Etienne (Loire), qui a consacré de longues années à l'étude du plain-chant.

« ...... J'affirmerai, dit M. Dalmières dans son Plain-chant accompagné (1), que le demi-ton haussant n'est pas précisément ce que l'on appelle en musique la note sensible.

La note sensible est une note fixe qu'on ne peut altérer sans changer de mode ou de ton, car c'est une attraction vers la tonique par résolution, soit de la quarte augmentée dans laquelle le si monte à ut et le fa descend à mi, comme l'indique la direction des deux flèches ci-dessous :

MI ⟵ FA point de départ SI ⟶ UT.

Soit de la quinte diminuée dans laquelle on obtient le même résultat par un procédé de renversement. Ici les flèches sont en sens opposé à l'exemple précédent.

SI ⟶ UT point de convergence MI ⟵ FA.

Cette note sensible, il y a des organistes qui l'introduisent sans façon un peu partout, au risque de défigurer complètement le plain-chant. Ils veulent, par exemple, assimiler chaque mode de plain-chant à un ton analogue en musique. Ils mettent le dièse sur tous les ut dans les 1er et 2e ton, sur tous les fa dans les 7e et 8e, et terminent les 3e et 4e par l'harmonie d'ut majeur.

« Il n'en est pas ainsi, poursuit-il, dans l'opinion que je soutiens. Lorsque dans le plain-chant, je réclame un demi-ton haussant pour faire cadence, je n'introduis pas précisément la note sensible ; car, par exemple, si dans un premier mode je ne trouve ni la finale re précédée de ut, ni aucun autre

(1) Se trouve à St Etienne chez l'Auteur.

repos sur ce procédé de ut, je ne demande pas une seule fois ce dièze : si dans un septième mode, nous arrivons, comme c'est assez ordinaire, à la finale sol ou à une cadence sur cette note par le la au-dessus, je ne réclame pas le dièze pour les autres fa. »

Dans son Dictionnaire de plain-chant, M. D'Ortigue partage la même opinion.

M. Fanart soutient aussi que le dièze doit s'exécuter dans certains passages bien qu'il ne soit pas marqué « et que si l'on n'exécutait que ce qui est marqué dans les livres de chant on n'en aurait que le squelette. »

L'école de Palestrina, dont l'autorité n'est pas suspecte, professe la même doctrine.

Nous citerons encore l'irréfragable autorité des Hucbald, des St Odon, des Guy d'Arezzo et beaucoup d'autres noms modernes.

Mais nous terminons par un autre passage tiré encore de l'ouvrage de M. Dehnières, et qui est aussi fort remarquable.

En parlant du moyen âge : « On avait, dit-il, horreur du triton par fa — si, et comme ce triton serait arrivé très-fréquemment, parce que toutes les dominantes sont autour de ces deux notes, on jugea à propos d'imaginer un signe qui le fit éviter. Quant aux autres relations de triton beaucoup moins fréquentes, on s'en rapportait au bon goût des exécutants pour les éviter sans qu'il fut besoin d'un signe nouveau ; car il ne faut pas croire qu'on traitât alors le plain-chant avec le dédain, ou si le mot est trop fort, avec la légèreté qu'on y met de nos jours..... Au moyen âge, tel chantre ou tel enfant de chœur connaissait beaucoup mieux son chant, théorique et pratique, je ne dirai pas que nos chantres d'aujourd'hui, mais que beaucoup de Curés, et même que beaucoup de maîtres de chœur, de maîtres de chapelle, d'organistes. Le sentiment de la tonalité grégorienne était profondément enraciné, et, pour éviter ce diable dans la musique, *Diabolus in musicâ*, le triton, on savait faire à propos l'altération nécessaire. Par exemple, prenez la prose du St Sacrement, à cette phrase mélodique, *la, si, la, sol, fa, sol, sol*, qui termine la plupart des strophes ; si après avoir fait un ton de si à la, un ton de la à sol, vous faites encore un ton de sol à fa, est-ce que vous n'aurez pas fait un vrai triton, et n'aurez-vous pas introduit le diable dans la musique ??

Cependant on n'a jamais mis, ni songé qu'il fut nécessaire de mettre, un signe devant ce *fa* pour le faire plus haut d'un demi-ton ; et, sur trente chantres qui feront ce passage, vous en trouverez au moins vingt-neuf qui feront le *fa* dièze ? Sans le vouloir, peut-être même avec la pensée arrêtée en théorie de ne pas le faire.... Car, malgré le très-regrettable affaiblissement de la tradition, il y a bon nombre de chantres qui ont conservé les instincts liturgiques et le sentiment grégorien, surtout dans les campagnes, selon la remarque judicieuse de M. d'Ortigue ; seulement ce n'est pas le grand nombre ; aussi serait-il bon que l'on marquât les dièzes là où il les faut, dans les livres de chant que l'on imprimera pour la restauration qui se prépare.

M. Nisard dans ses Etudes sur la restauration du Chant grégorien exprime le même désir.

« Il faut, dit-il, leur marquer (aux chantres) dans nos éditions liturgiques la vraie nature de chaque intonation, voilà ce qui me fait désirer que l'on marque les dièzes là où ils sont absolument nécessaires, comme on marque les bémols et les bécarres, quand la mélodie l'exige. Pourquoi pas ? Qui oserait blâmer la présence d'un signe, lorsqu'il est l'expression vraie d'un fait irrécusable ? Je demande à tout plain-chantre de bonne foi si la présence du dièze là où il le faut, n'empêcherait pas immédiatement toute possibilité de confusion ou d'erreur, et si la mélodie liturgique ne serait pas mieux chantée de nos jours......? »

Que peut-on ajouter aux appréciations si éminemment judicieuses de ces princes de la Science ?

8.

Exercices de lecture et d'intonation.

Clef d'ut 4me ligne.

Clef de fa.

(se lit comme la clef de fa en musique.)

1 2

Do re mi fa sol la sol la si Do

3. 4

5 6

7

8

Clef d'ut 3e ligne.

1

fa sol la si do re do re mi fa do re

2

3

4

Intonations principales des psaumes dans les huit modes.

1er Ton en D.

2e Ton en D.

3e Ton en E.

4e Ton en E.

5e Ton en F.

6e Ton en F.

7e Ton en D.

8e Ton en G.

Remarque. On voit dans le tableau ci-dessus que la note finale de chaque intonation est bien celle du mode auquel elle ap-

-partiens. Toutefois il faut se rappeler que cette finale peut être entrée dans les psaumes : c'est ce qui arrive ici pour le 7e ton qui nous présente la finale re.

Du guidon.

54. Le guidon est un signe ( ) qui se place à la fin de la portée, sur la ligne ou l'interligne que doit occuper la première note de la portée suivante, note connue ainsi d'avance par le chanteur.

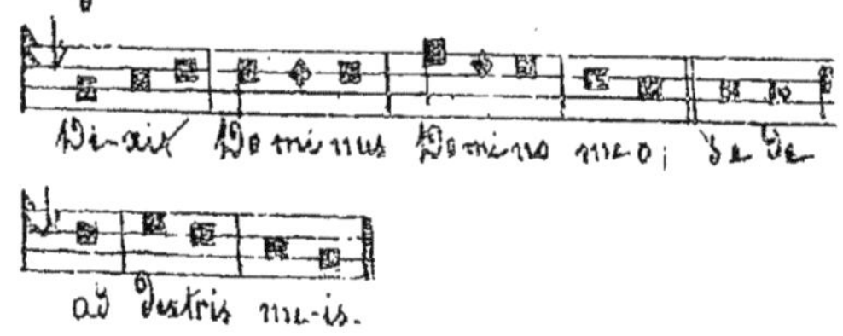

Observations

Le plain-chant n'offrant pas de difficultés progressives de lecture et d'intonation, l'élève pourra dès maintenant s'exercer sur les livres usuels de plain-chant et sur les morceaux harmonisés que nous donnons plus loin.

Nous ne donnons pas d'exercice sur la clef d'ut 2e ligne, attendu qu'elle est très-rarement employée, en France du moins ; d'ailleurs, elle se lit comme la clef d'ut 4e ligne avec un bémol à la clef.

9

De la manière de transposer les tons du plain-chant pour les instruments accompagnateurs.

53. Toute transposition à vue d'une pièce de plain-chant donne lieu

1° à une nouvelle clef;

2° à une armature comme en musique.

Ainsi, soit à transposer un ton, un degré plus bas le passage suivant:

sol la si ut re si la sol fa mi re

Pour trouver la nouvelle clef à faire intervenir, nous remarquerons d'abord que, du simple remplacement de la note principale ut par la note SI, et par conséquent le remplacement aussi de toutes les autres notes par celles du degré inférieur, résulte la transposition cherchée, et, pour la note ut, une nouvelle position qui donne naissance à la nouvelle clef, que l'on découvre en parcourant les lignes et les interlignes de la portée: on trouve ainsi le barreau où cette nouvelle dénomination de notes place ut. Cette note venant se fixer sur la 1re ligne, nous donne par-

-conséquent la clef d'ut 1re ligne à admettre dans ce cas.

fa sol la si ut la sol fa mi ré ut

56. Au reste, la note ut, transposée dans tous les degrés de la gamme, donnant le résultat suivant, l'élève n'aura qu'à chercher la note qui remplace ut pour avoir la clef transpositrice. Ainsi pour élever d'un degré une pièce de chant, c'est la clef de sol qui intervient ; pour l'élever de deux, c'est la clef d'ut 3e ligne ; etc

Inutile de dire que la même clef transpose un morceau en ré ♮ et en ré ♭ ; en mi ♮ et en mi ♭, etc.

57. Pour trouver l'armature qui doit accompagner la clef transpositrice, il faut se rappeler que chaque mode du plain-chant est, dans les livres ordinaires d'église, avec la note carrée,

théoriquement écrit dans le ton que l'on appelle en musique ton d'ut; que par conséquent les notes

RE♭ ou UT♯	RE	MI♭	MI♮	FA	SOL♭ ou FA♯	SOL♮	LA♭	LA♮	SI♭	SI♮
5♭ ou 7♯	2♯	3♭	4♯	1♭	6♭ ou 6♯	1♯	4♭	3♯	2♭	5♯

substituées à la note ut deviennent toniques et fournissent l'armature respective ci-dessous.

Quant à la place de ces accidents, l'élève se rappellera les pages 8 et 11.

Transposition des huit modes avec LA pour dominante

38. Dans les églises où l'on adopte le LA pour dominante des huit tons, la finale devenant alors,

Dans le 1er ton la note re
2e ——— fa♯
3e ——— ut♯
4e ——— mi
5e ——— re
6e ——— fa
7e ——— re
8e ——— mi

Le 1er ton se lit par conséquent tel qu'il est écrit.

Le 2e ton noté avec la clef de fa se lit avec la clef d'ut

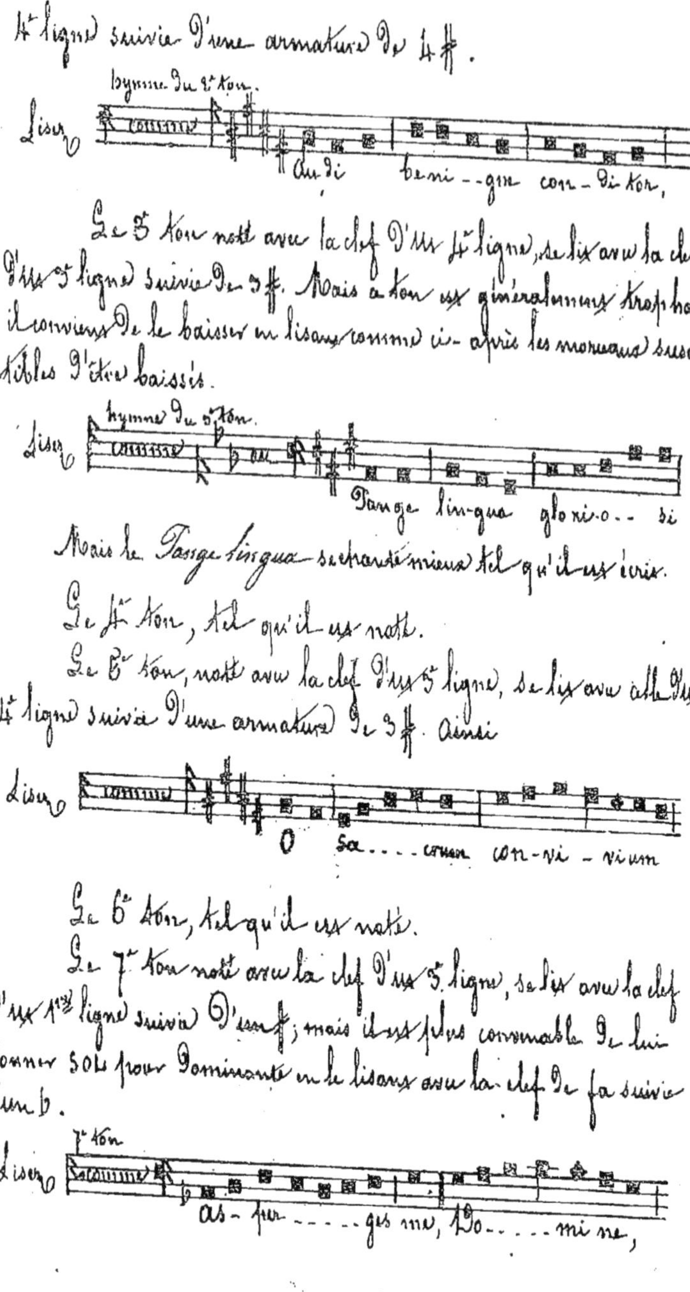

4e ligne suivie d'une armature de 4 #.

hymne du 2e ton.

Lisez comme

Le 3e ton noté avec la clef d'ut 4e ligne, se lit avec la clef d'ut 3e ligne suivie de 3 #. Mais ce ton est généralement trop haut, il convient de le baisser en lisant comme ci-après les morceaux susceptibles d'être baissés.

hymne du 3e ton.

Lisez comme

Mais le Pange lingua se chante mieux tel qu'il est écrit.

Le 4e ton, tel qu'il est noté.

Le 5e ton, noté avec la clef d'ut 3e ligne, se lit avec celle d'ut 4e ligne suivie d'une armature de 3 #. Ainsi

Lisez comme

Le 6e ton, tel qu'il est noté.

Le 7e ton noté avec la clef d'ut 3e ligne, se lit avec la clef d'ut 1re ligne suivie d'un #; mais il est plus convenable de lui donner SOL pour dominante en le lisant avec la clef de fa suivie d'un b.

7e ton

Lisez comme

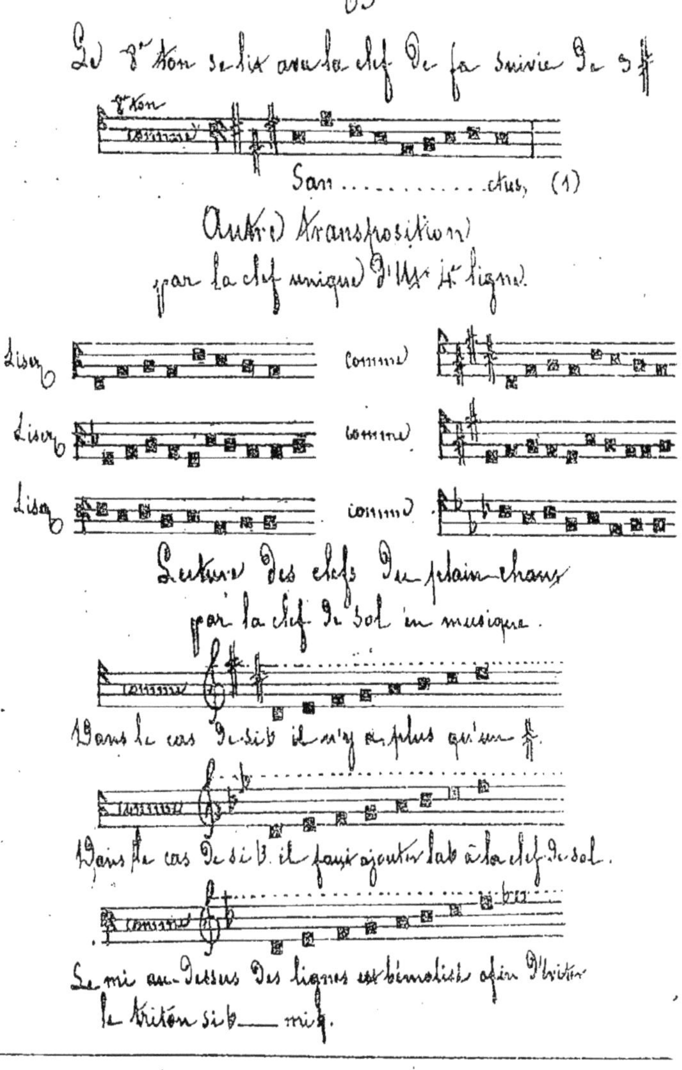

(1) Nous avons pris chaque mode écrit avec la clef qu'il emploie le plus ordinairement, mais dans le cas où il en serait autrement, l'élève trouvera facilement la nouvelle clef et la nouvelle armature à intervenir après tout ce que nous venons de voir.

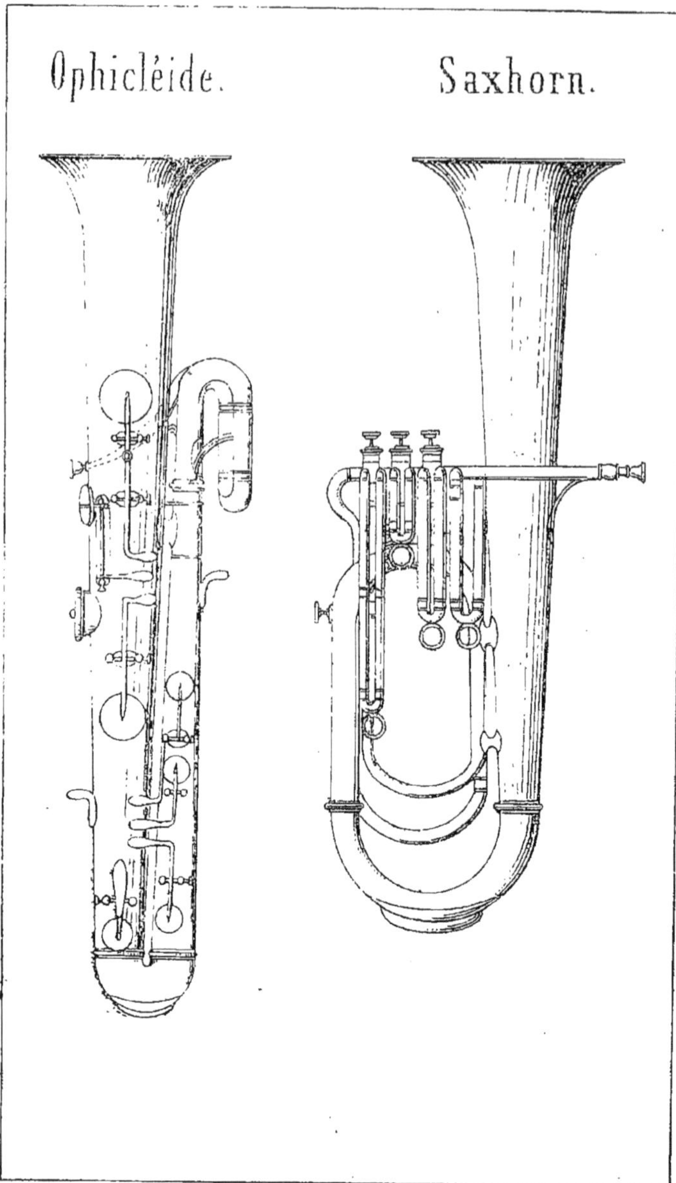
Ophicléide.
Saxhorn.

Manière de tenir l'Ophicléide.

Pour faciliter le jeu des poumons, la tête doit être droite, la poitrine effacée, le corps d'aplomb et immobile.

L'instrument est soutenu par les deux mains dont la position est indiquée par les deux supports fixés, l'un sur la grande branche pour la main gauche et l'autre sur la petite pour la main droite. Ces deux supports sont reçus entre le pouce et l'index des deux mains. Les doigts tombent alors naturellement sur les clefs qu'ils doivent faire mouvoir. Ainsi en comptant les clefs à partir du pavillon, on trouve que :

La 1re clef est mue par l'index de la main gauche.
La 2e ———————— le majeur ————————
La 3e ———————— le pouce ————————
La 4e ———————— l'annulaire ————————
La 5e ———————— le pouce de la main droite.
La 6e ———————— l'auriculaire ————————
La 7 ———————— l'annulaire ————————
La 8e ———————— le majeur ————————
La 9e ———————— l'index ————————

L'embouchure posée au milieu de la bouche doit occuper à peu près les deux tiers de la lèvre supérieure et le tiers de la lèvre inférieure. Il faut ensuite aspirer une quantité suffi-

-sante d'air, puis l'aspirer d'une manière continue dans l'instrument, en commençant préalablement par une émission brusque du vent au moyen du coup de langue.

Plus les sons deviennent aigus plus la colonne d'air insufflée dans l'instrument doit être petite et condensée par la pression des lèvres contre l'embouchure. Cela se conçoit parfaitement quand on sait que, dans ces instruments, les lèvres remplissent les fonctions des languettes placées dans les tuyaux d'orgues, et que toute chose égale d'ailleurs, le son est d'autant plus aigu que cette languette est plus courte.

C'est exactement l'inverse pour les sons graves.

On sait aussi que les notes harmoniques sont données par un même doigté par le seul effet de la pression des lèvres contre l'embouchure.

Observation.

Dans l'accompagnement du plain-chant, l'instrumentiste doit s'appliquer à bien fondre ses sons avec ceux du lutrin, les coups de langue seront toujours assez faiblement articulés.

Doigté de l'Ophicléide.

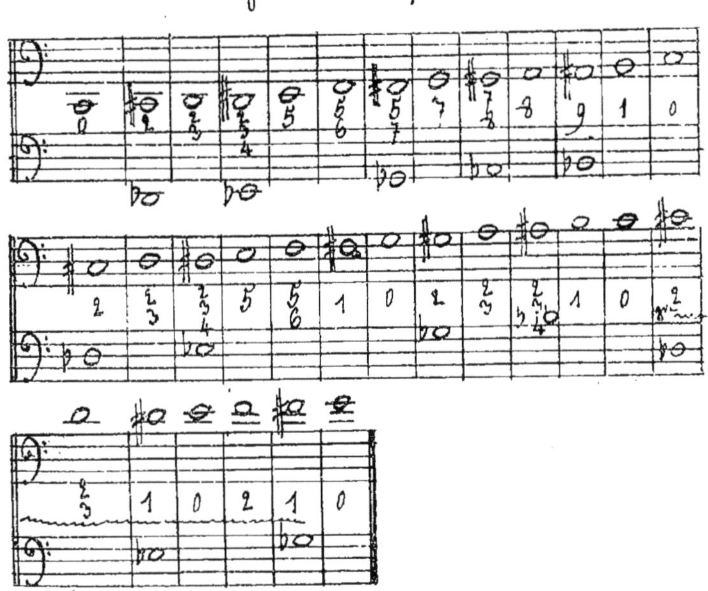

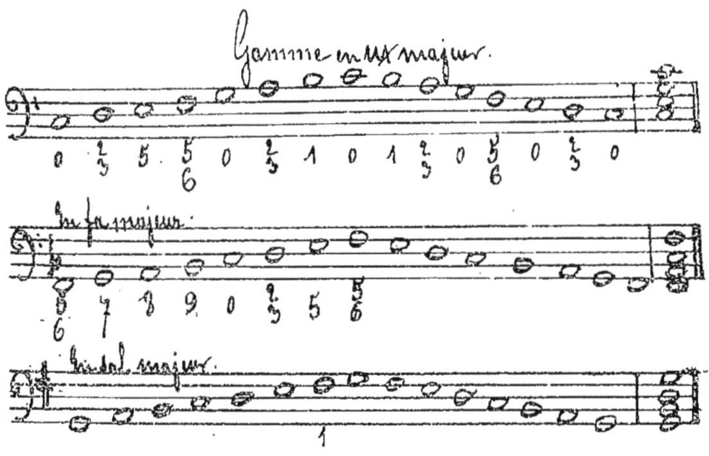

Note. Nous engageons l'élève à se familiariser avec toutes les gammes.

Doigté des instruments
à 3 pistons.

Cornet à pistons, saxhorn, clairon, trombone à pistons, etc

Nota. Le 1er piston est le plus rapproché de l'embouchure.

TABLEAU d'une octave du clavier de l'orgue, du piano et de l'harmoniflûte.

ut# ou réb — ré# ou mib — fa# ou solb — sol# ou lab — la# ou sib — ut# ou réb

UT, 1 ton, RE, 1 ton MI, 1/2 ton FA, 1 ton, SOL, 1 ton LA, 1 ton SI 1/2 ton UT, RE.

	UT	RE	MI	FA	SOL	LA	SI	UT	RE
M. droite	1 (le pouce)	2	3	1	2	3	4	5 ou 1 pour continuer	
M. gauche	5	4	3	2	5	3	2	1	4

Questionnaire.

1. Qu'est ce que le Plain-chant ?
2. Quels étaient les chants chrétiens de la primitive Eglise?
3. Quelle modification subirent les chants sacrés au 4e Siècle?
5. Qu'entend-on par la liturgie ?
6. Quelles sont les quatre liturgies reconnues par l'Eglise?
7. Formez le tableau des huit modes du plain-chant?
8. A quelles remarques donne lieu ce tableau ?
9. Parlez du Système Guy d'Arezzo ?
11. Parlez de la note SI, du bémol, du bécarre ?
13. Qu'est-ce que la portée ?
14. Quelles sont les figures de notes employées dans les diverses notations en plain-chant?
16. Parlez de la barre et de ses diverses sortes?
20. Parlez des diverses figures de clefs?
24. Dites-nous le caractère de chacun des trois modes du plain-chant?
32. Qu'est-ce que la psalmodie?
33. Qu'appelle-t-on versets?
34. De quoi est composé le chant du 1er verset?
36. Par quelle partie du 1er verset se reprennent les autres?
37. Quand est-ce que la terminaison est dite complète?

——————————— incomplète?

39. Que désignent les lettres A, B, C, D, etc employées dans le plain-chant?

40. Et les chiffres 1, 2, 3, 4, 5, 6, 7, 8?

41. Dites la formule au moyen de laquelle on retient facilement la finale et la dominante de chaque ton?

42. Qu'est ce que le triton?

43. Comment le fait-on disparaître du plain-chant?

44. Qu'est ce que le bémol?

45. Comment la transposition permet-elle d'éviter le triton?

46. Quand est-ce qu'on emploie la transposition?

47 Parlez de la transposition à la quarte des huit tons du plain-chant?

49. Dans quel ton (musical) est théoriquement écrit chaque mode?

50 De quoi faut-il s'assurer lorsqu'au moyen de la finale et de la dominante on veut rechercher le mode d'une pièce de chant?

51. Parlez du dièze dans le plain-chant?

53. Faites-nous connaître l'opinion des Maîtres sur l'emploi du dièze dans le plain-chant?

54. Qu'est ce que le guidon?

55. A quoi donne lieu toute transposition à vue d'une pièce de plain-chant?

56. Indiquez la nouvelle clef qui intervient pour transposer la note ut à la hauteur de re, de mi, de fa, etc?

57. Comment trouve-t-on l'armature qui doit accompagner

la clef transpositrice ?

58. Quelle est la finale dans les huit modes lorsque l'on adopte pour la transposition le la pour dominante ?

Comment se transpose alors le 1^r ton ?

________________ le 2e ?

________________ le 3 ?

________________ le 4e ?

________________ le 5e ?

________________ le 6 ?

________________ le 7e ?

________________ le 8e ?

Parlez de la transposition au moyen de la seule clef d'ut 4e ligne ?

11 MORCEAUX

EN PLAIN-CHANT

HARMONIÉS,

avec la traduction musicale en regard,

dans un diapason moyen,

extraits de la

Lyre Paroissiale

DU MÊME AUTEUR.

No 1.
O Salutaris
à 3 parties.
O sa-lu-ta-ris hos-ti-a, Quæ cæli pandis ostium Bella premunt
Qui carne nos pascis tua Sis lauste bi pastor bone cum Patre
O sa-lu-ta-ris hos-ti-a, Quæ cæ-li pandis hos-ti-um Bella premunt
Qui carne nos pa-scis tua, Sis lauste bi pas-tor bone Cum Patre
O sa-lu-ta-ris hos-ti-a, Quæ cæ-li pandis hos-ti-um Bella premunt
Qui car-ne nos pa-scis tu-a, Sis lauste bi pas-tor bo-ne Cum Patre
Bella premunt hosti-li-a Da robur fer auxi-li-um.
Cum Patre cumque Spiritu In sempi-ter-na sæ-cu-la.
Bella premunt hosti-li-a Da robur fer auxi-li-um.
Cum Patre cumque Spiritu In sempi-ter-na sæ-cu-la.
Bella premunt hosti-li-a Da robur fer auxi-li-um.
Cum Patre cumque Spiritu In sempi-ter-na sæ-cu-la.
Amen.
No 2.
Adoremus à 4 parties.
ter.
A-do-re-mus in æ-ter-num sanctissi-mum Sa-cra-men-tum.
A-do-re-mus in æ-ter-num sanctissi-mum Sa-cra-men-tum.
Chant
A-do-re-mus in æ-ter-num sanctissi-mum Sa-cra-men-tum.
A-do-re-mus in æ-ter-num sanctissi-mum Sa-cra-men-tum.

N° I bis. Le même en musique.
dans le ton de sol.
O sa-lu-ta-ris hos-ti a quae coe-li pan-dis hos-ti
U-ni tri-no-que do-mi-no sit sem-pi-ter-na glo-ri-
-um Bel-la premunt Bel-la premunt hos-ti - - - li-
-a; Qui vi-tam qui vi-tam si-ne ter-mi-
-a Da robur fer auxi-li-um. A - - - - men
-no No-bis donet in pa-tri-a. A - - - - men.
Le même en musique.
N° 2 bis.
A - - do-re-mus in ae-ter-num sanctis
- - si-mum Sa - - - cra-men - - - tum ter.

Adeste,

Chant de Noël, (1)
avec solo et chœur à 3 parties.

N° 3.

(1) Ce morceau est mesuré. On battra une mesure lente à 2 temps et l'on aura une ■ ou deux ◆ ◆ par temps. Si l'on battait une mesure plus précipitée à 4 temps, on aurait alors la valeur d'une ◆ par temps.

In grege relicto, humiles ad cunas
Vocati pastores approperant,
Et nos, ovanti gradu, festinemus.
Venite, etc

Æterni Parentis, Splendorem æternum
Velatum sub carne videbimus
Deum infantem pannis involutum.
Venite, etc

Pro nobis egenum et fœno cubantem,
Piis foveamus amplexibus:
Sic nos amantem, quis non redamaret?
Venite, etc

Adoro te

N° 4. à 3 parties.

Chant

A-do-ro te sup-plex la-tens De-i-tas, quæ sub his fi-gu-ris
A-do-ro te sup-plex la-tens De-i-tas, quæ sub his fi-gu-ris
A-do-ro te sup-plex la-tens De-i-tas, quæ sub his fi-gu-ris

Ve-re la-ti-tas; ti-bi se cor me-um to-tum sub-ji-cit, quia
Ve-re la-ti-tas; ti-bi se-cor me-um to-tum sub-ji-cit, quia
Ve-re la-ti-tas; ti-bi se-cor me-um to-tum sub-ji-cit, quia

te con-tem-plans to-tum de-fi-cit. A.......men
te con-tem-plans to-tum de-fi-cit. A.......men
te con-tem-plans to-tum de-fi-cit. A.......men.

2.

Visus, tactus, gustus in te fallitur;
Sed auditu solo tuto creditur;
Credo quidquid dixit Dei Filius:
Nil hoc verbo veritatis verius.

3.

In cruce latebat sola Deitas,
At hic latet simul et humanitas;
Ambo tamen credens atque confitens,
Peto quod petivit latro pœnitens.

N° 4 bis. Le même en musique.

dans le ton de mi b.

4.

Plagas, sicut Thomas, non intueor,
Deum tamen meum te confiteor;
Fac me tibi semper magis credere
In te spem habere, te diligere.

5.

O memoriale mortis Domini
Panis vivus præstans homini
Præsta meæ menti de te vivere,
Et te illi semper dulce sapere.

6.

Pie pellicane, Jesu Domine
Me immundum munda tuo sanguine
Cujus una stilla salvum facere
Totum quit omni mundum scelere.

7.

Jesu, quem velatum nunc aspicio
Oro fiat illud, quod tam sitio:
Ut te revelata cernens facie,
Visu sim tua gloriæ. Amen.

Prose à 3 parties, en l'honneur de la Très-Sainte Vierge.

N° 5.

1. Gau-di-i pri-mor-di-um, Et sa-lu-tis nun-ti-um
1. Gau-di-i pri-mor-di-um, Et sa-lu-tis nun-ti-um
2. Quae dat ho-ra Vir-gi-nem, Spon-dens De-um ho-mi-nem.

Di-em nos-trae ca-ni-mus 3. Quam in ma-trem e-le-git.
Di-em nos-trae ca-ni-mus Quam in ma-trem e-le-git
In-ve-nit Quam quae-ri-mus. 4. Do-num quam in-ha-bi-tet,

Hu-jus or-tum di-ri-gis De-us om-nis gra-ti-ae.
Hu-jus or-tum di-ri-gis De-us om-nis gra-ti-ae.
Mox et qua nos vi-si-tet, Or-nat sol jus-ti-ti-ae.

5. Quot mi-ca lu-mi-ni-bus! Su-is De-us u-si-bus;
5. Quot mi-ca lu-mi-ni-bus! Su-is De-us u-si-bus;
6. Quot la-tens mi-ra-cu-la! Fit et haec nu-be-cu-la;

solo
Quod vas fin-gis glo-ri - - æ! 7. Be-ne-dic-ta fi-li - - a
Quod vas fin-gis glo-ri - æ!
In vim magnam plu-vi - æ. 8. Cæli quod jam ha-bi - tas
To-ta ple-na grati - - a To-ta si-ne ma-cu - la.
To-ta ple-na grati - a To-ta si-ne ma-cu - la.
Inde no-bis se-mi-tas, Pre-ce, Vir-go, se-du - la.
9. I-ram pro-me-ru-i - - mus, Christe, pa-cem pe-ti - mus,
I-ram pro-me-ru-i - mus, Christe, pa-cem pe-ti - mus,
10. Ut in no-bis mane - - as, Corda nos-træ præ-be - as;
Munda ma-tris pre-ci - bus. A - - - - - men.
Munda matris pre-ci - - bus. A - - - - - men.
Pura cul-pis omni - bus. A - - - - - men.

N° 5 bis. **Prose en l'honneur de la B. S. Vierge.**

Prière au Sacré Cœur de Jésus.

No 6.

Cujus animam gementem,
Contristatam, et dolentem,
Pertransivit gladius.
O quam tristis et afflicta
Fuit illa benedicta
Mater unigeniti!
Quæ mœrebat et dolebat,
Pia Mater dum videbat
Nati pœnas inclyti.

Quis est homo qui non fleret,
Matrem Christi si videret
In tanto supplicio?
Quis non posset contristari
Christi Matrem contemplari,
Dolentem cum Filio?
Pro peccatis suæ Gentis,
Vidit Jesum in tormentis,
Et flagellis subditum.
&c

Domine Salvum, à 4 parties.
N° 8
Do-mi-ne Sal-vum fac Im-pe-ra-to--rem Nostrum Na-
-po-le-o--num Et e-xau-di-nos in di-
-e quâ in-vo-ca-ve-ri-mus te.
in-vo-ca-ve-ri-mus te.
Faux-bourdon.
N° 9.
6e ton en C.
Intonation.
Di-xit Do-mi-nus Do-mi-no me-o;
Se-de a dextris me-is.
Do-nec po-nam i-ni-mi-cos tu-os;
Scabel-lum pe-dum tu-o-rum

N° 10.
O Salutaris.
(J. Giraud.)
adagio
solo
Choeur
O Sa-lu-ta-ris hos-ti-a
O sa-lu-ta-ris hos-ti-a,
quae coe-li quae coe-li
quae coe-li quae coe-li pan-dis hos-ti-a. quae
quae
coe-li quae coe-li pan-dis hos-ti-um,
coe-li quae coe-li pan-dis hos-ti-um,

Choeur
Bel-la pre-mums hosti-li-a
Bel-la pre mums Bel-la premums hosti-li-a hosti-li-a
Bel la pre mums Bel-la pre-mums Da-ro-bur fer
Bel-la pre mums Bel la pre-mums Da-ro-bur fer Da-ro-bur
Da-ro-bur fer au-xi-li-um au-xi-li-um
al coro
fer Da-ro-bur fer Au-xi-li-um au-xi-li-um auxili-um.
A-men A-men A-men.
A-men A-men A-men.
A-men A-men.

N° 11. Faux-bourdon à 4 parties.
1er ton.
Lau da te Do mi num om nes gen tes; lau da te e - um
om nes po - pu - li.
Quo ni - am con - fir ma - ta est su per nos mi se ri cor dia
e - jus; et Veritas Domini ma net in æ ternum.

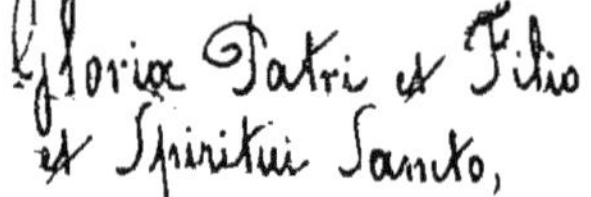
Gloria Patri et Filio
et Spiritui Sancto,

Si - cut e - rat in princi - pi - o et nunc et semper
et in Se cu - la Se cu lo - rum. A men.

FIN.

Pour paraître prochainement :

MÉTHODE COMPLÈTE

DE

MUSIQUE VOCALE & INSTRUMENTALE

A L'USAGE

DE TOUS LES ORPHÉONS

CONTENANT :

Outre un très-grand nombre de Solféges, dont la plupart en canon,

les premières notions d'harmonie et de composition ;

l'acoustique, l'application pratique du monocorde, la détermination des tons de la gamme, le Doigté des instruments les plus connus, etc.

A LA MÊME LIBRAIRIE :

LA

LYRE PAROISSIALE

Recueil de 35 Morceaux religieux

CONTENANT

POUR VOIX ET ORGUE

LES PRINCIPAUX CHANTS LITURGIQUES

LA MESSE DE DUMONT ET DIVERSES COMPOSITIONS

INÉDITES, D'UNE EXÉCUTION FACILE

ET PLUSIEURS ARTICLES DE THÉORIE MUSICALE ÉLÉMENTAIRE

Dédiée à MM. les Ecclésiastiques et à MM. les Instituteurs

Par Frédéric GIRAUD.

PRIX : 2 fr. 50.

Grenoble. — Imp. Allier. — 8-64.

www.ingramcontent.com/pod-product-compliance
Ingram Content Group UK Ltd.
Pitfield, Milton Keynes, MK11 3LW, UK
UKHW012053240726
13965UKWH00003B/1248